글 최숙정, 류대현, 김윤희, 김연수

최숙정_ 전주교육대학교와 경인교육대학교 대학원에서 공부했습니다. 책과 나무와 아이들이 좋아 30년 가까이 아이들을 가르치고 있습니다. 최근 5년 연속 만났던 1학년 친구들과의 학급살이를 토대로 즐겁게 글을 썼습니다. 매일 교실 창밖으로 까르르 웃음이 넘쳐 나는 학교를 꿈꿉니다.

류대현_ 아이들이 자기 삶을 스스로 개척하고, 세상과 마주하며 성장할 수 있도록 교육하고 있는 초등학교 선생님입니다. 아이들이 지닌 힘을 믿고, 아이들의 모습에서 많은 것을 배우고 있습니다. 아이와 선생님이 서로 믿으며 함께 성장하길 소망합니다.

김윤희_ 경인교육대학교에서 공부했습니다. 두 딸을 키우는 엄마이자 초등학교 선생님으로 생활하며 매일매일 아이들과 함께 배우고 성장하는 중입니다. 1학년 입학을 앞둔 딸과 많은 친구들이 학교생활을 훨씬 더 재밌게 할 수 있기를 바랍니다.

김연수_ 춘천교육대학교에서 교육학을 공부했고, 교수 학습 방법으로 석사 학위를 받았습니다. 이 책에 1학년 담임 경험을 바탕으로 예비 초등학생과 학부모가 궁금해 할 만한 이야기를 담았습니다. 아이들이 건강하고 행복하게 자랄 수 있기를 바랍니다.

그림 영민

대학에서 시각 디자인을 공부했으며, 어린이 책을 비롯해 다양한 매체에 그림을 그리고 있습니다. 쓰고 그린 책으로 《바비아나》 《난난난》 《나는 착한 늑대입니다》 《난 네가 부러워》가 있으며, 그린 책으로 《숲속 별별 상담소》 《똘복이가 돌아왔다》 《너는 커서 뭐 될래?》 《내 이름은 십민준》 《똥 전쟁》 《사투리 회화의 달인》 등이 있습니다.

처음 학교생활백과

1판 1쇄 발행 | 2020. 3. 19.
1판 8쇄 발행 | 2025. 2. 21.

최숙정, 류대현, 김윤희, 김연수 글 | 영민 그림

발행처 김영사 | **발행인** 박강휘
등록번호 제 406-2003-036호
등록일자 1979. 5. 17.
주소 경기도 파주시 문발로 197(우10881)
전화 마케팅부 031-955-3100 편집부 031-955-3113~20
팩스 031-955-3111

ⓒ 2020 최숙정, 류대현, 김윤희, 김연수, 영민
이 책의 저작권은 저자에게 있습니다. 저자와 출판사의 허락 없이 내용의 일부를 인용하거나 발췌하는 것을 금합니다.

값은 표지에 있습니다.
ISBN 978-89-349-9310-0 73370

좋은 독자가 좋은 책을 만듭니다. 김영사는 독자 여러분의 의견에 항상 귀 기울이고 있습니다.
전자우편 book@gimmyoung.com | 홈페이지 www.gimmyoung.com

이 도서의 국립중앙도서관 출판시도서목록(CIP)은 서지정보유통지원시스템
홈페이지(http://seoji.nl.go.kr)와 국가자료공동목록시스템(http://www.nl.go.kr/kolisnet)에서
이용하실 수 있습니다. (CIP제어번호 : CIP2020010102)

|어린이제품 안전특별법에 의한 표시사항| 제품명 도서 제조년월일 2025년 2월 21일
제조사명 김영사 주소 10881 경기도 파주시 문발로 197 전화번호 031-955-3100 제조국명 대한민국
사용 연령 7세 이상 ⚠주의 책 모서리에 찍히거나 책장에 베이지 않게 조심하세요.

처음 학교생활백과

최숙정·류대현·김윤희·김연수 글 | 영민 그림

3월

주니어김영사

작가의 말

학교에서 멋진
1학년으로 만나요

이제 학교에 간다고요? 엄마, 아빠, 주변 어른들한테 축하를 듬뿍 받았겠군요. 드디어 어엿하고 당당한 초등학생이 되는 여러분을 선생님도 축하해요.

초등학교에 가면 어떤 일들이 펼쳐질까요? 교문에 들어서는 순간부터 집에 가는 시간까지 무엇을 하는지 알고 싶지요? 새로 만날 친구는 어떤 아이인지, 선생님은 어떤 분인지 등도 궁금할 거예요. 슬아도 그렇답니다.

슬아는 여러분처럼 초등학교에 입학하는 여덟 살 친구예요. 이 책의 주인공이기도 하지요. 슬아의 마음속에는 학교생활에 대한 기대도 가득, 과연 잘할 수 있을까 걱정도 가득이에요. 새 친구를 사귈 마음에 설레기도 하고, 유치원 때보다 지켜야 할 규칙과 약속이 더 많아질까 봐 떨리기도 하고……. 과연 슬아가 낯선 학교생활을 슬기롭게 헤쳐 나갈 수 있을까요?

슬아가 학교에서 어떻게 지내는지 눈을 크게 뜨고 잘 살펴보세요. 그러면 '아하! 학교에서는 이렇게 하면 되는구나!'라고 알게 될 거예요. 그 과정에서 학교생

활에 대한 여러분의 걱정이 안심으로 바뀔 거예요. 슬아의 마음도 그렇게 변했거든요.

슬아의 이야기가 담긴 이 책을 부모님과 함께 읽으면 정말 좋아요. 부모님의 어린 시절과는 많이 달라진 요즘 초등학교에 관한 정보를 잔뜩 담아 두었거든요. 그 알찬 정보들이 부모님의 궁금증도 싹 해결해 준답니다. 궁금증을 풀게 된 부모님은 여러분의 1학년 학교생활을 잘 도와줄 거예요. 부모님이 도와주시면 학교에서 더 잘 지낼 수 있답니다. 그러니까 부모님과 함께 읽는 게 더 좋겠죠?

어? 슬아가 멋진 1학년이 될 수 있다는 자신감이 생겼다는군요. 여러분도 얼마든지 슬아처럼 될 수 있어요. 이 책이 부모님처럼, 친구처럼 도와줄 거예요. 함박웃음과 함께 씩씩하게 교문에 들어서는 여러분 모습이 그려지네요. 학교에서 만나요, 우리!

최숙정, 류대현, 김윤희, 김연수

학교는 어떤 곳일까요?

슬아네 집으로 취학 통지서가 왔어요.
슬아는 곧 학교에 갈 거예요.
'지운이랑 하은이랑 같은 학교일까? 학교는 어떤 곳일까?'
요즘 슬아는 궁금한 게 아주 많아요.

'취학 통지서'가 뭐예요?

취학 통지서는 여덟 살이 될 어린이에게 초등학교에 가게 된다는 소식을 알려 주는 편지예요. 보통 12월에 오고, 집에서 가까운 초등학교로 정해져요. 취학 통지서에는 예비 소집일 날짜와 장소가 적혀 있어요. 예비 소집일에는 취학 통지서를 꼭 가져가야 해요.

학교에 가기 전에 연습해요

"슬아야, 밥 먹고 나면 양치질해야지."

"네, 엄마!"

슬아는 요즘 혼자서도 양치질을 잘해요.

아침밥도 꼭꼭 씹어 먹고, 화장실에서 볼일 보는 연습도 해요.

학교에 가면 모두 스스로 해야 하거든요.

준비물에는 무엇이 있을까요?

- 실내화
- 공책
- 필통, 연필, 지우개
- 검정 네임펜
- 자
- 책가방
- 가위
- 미니 빗자루 세트
- 색연필 12색
- 딱풀
- 양치 도구
- 물티슈

> 학교마다 준비물이 다를 수 있어요. 담임 선생님의 안내에 따라 준비해 주세요.

❌ 학교에 가져가지 마세요!

장난감

캐리어 가방

칼
돈
5000

간식

학교에는 뭘 가져가나요?

내일은 입학식 날, 슬아는 설레는 마음에 쉽게 잠들 수 없었어요.

슬아는 아끼는 인형을 죽 늘어놓고 준비한 것을 자랑했어요.

"이건 이모한테 선물 받은 책가방, 이건 할머니가 사 주신 필통.

쉿! 너희만 알고 있어. 가방 안에 토순이가 들어 있어.

내일 학교에 함께 가려고. 또 뭐를 가져가지?"

혼자서 할 수 있는 일에 V 표시를 해 보세요!

아침 일찍 정해진 시간에 일어날 수 있어요.

스스로 옷을 입을 수 있어요.

스스로 양치질을 할 수 있어요.

숟가락과 젓가락을 바르게 잡고 사용할 수 있어요.

스스로 하기 힘든 일은 '도와주세요'라고 말할 수 있어요.

연필을 바르게 쥐고, 내 이름을 쓸 수 있어요.

자신의 집 주소와 전화번호를 정확하게 말할 수 있어요.

화장실에 가고 싶을 때 손을 들고 말할 수 있어요.

어른에게 존댓말을 쓸 줄 알아요.

담임 선생님 말고도 여러 선생님이 있어요!

보건 선생님 — 몸이 아프면 보건실로 와요.

영양사 선생님 — 맛있고 영양가 높은 점심 식사를 준비해요.

사서 선생님 — 읽고 싶은 책이 있으면 도서관으로 오세요.

영어 선생님 — 영어 공부를 즐겁게 해요.

학교는 몇 시까지 가나요?

이른 아침, 슬아의 눈이 번쩍 뜨였어요.
그래서 엄마를 흔들어 깨웠어요.
"엄마, 아침이야. 나 학교 가야 해."
"슬아야, 아직 학교 갈 시간이 아니야."
"그럼 몇 시에 학교에 가는 건데?"

학교에는 정해진 등교 시간이 있나요?

8시 30분

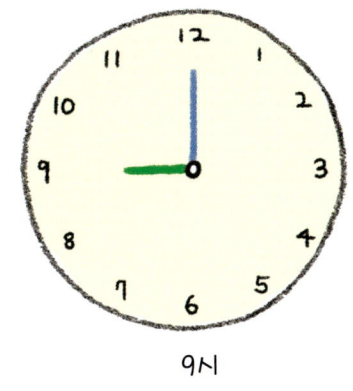
9시

학교마다 정해진 등교 시간이 있어요. 보통 8시 30분에서 9시 사이예요. 이때 너무 일찍 학교에 도착하면 안전에 문제가 있을 수 있으니 학교에서 안내해 준 장소에서 기다려요.

몇 시에 집으로 돌아가나요?

학교마다 조금씩 차이는 있지만 오후 1시 전후로 집에 돌아가요. 이때 방과후교실을 신청한 친구는 신청한 수업까지 참여한 후 집에 가요. 학교에서는 미술, 축구, 농구, 과학, 악기 연주, 무용, 바둑, 중국어 등 다양한 방과후교실을 운영해요.

신발을 왜 바꿔 신어요?

학교에 도착한 슬아는 눈이 휘둥그레졌어요.
언니 오빠들이 학교 건물에 들어가기 전에 신발을 벗고
다른 신발로 갈아 신고 있었거든요.
호기심 많은 슬아는 옆에 있던 오빠에게 슬쩍 물었어요.
"오빠, 왜 다른 신발로 갈아 신어?"
"안녕? 1학년이구나. 집에서 신고 온 신발에는 흙이랑 먼지가
많이 묻어 있으니까 실내화로 갈아 신어야 해."

실내화 갈아 신기 비법!

1 실내화 가방에서 실내화를 꺼내 바닥에 내려놓아요.

2 한쪽 신발을 벗은 후 실내화에 발을 넣어요.

교실은 어떻게 생겼을까요?

교실 앞에 도착한 슬아는 가슴이 콩닥콩닥 뛰었어요.
헛기침을 한 슬아는 주먹을 불끈 쥐고 교실로 들어섰어요.
슬아는 교실에서 친구 지운이를 발견하고 반갑게 인사했어요.
그런 다음 교실을 휘휘 둘러보았어요.
교실 앞에는 큰 칠판과 텔레비전이 있었고,
교실 뒤에는 사물함이 있었어요.

내 자리는 어디일까요?

슬아는 책상 위 이름표 중에서 자신의 이름을 찾아다녔어요.
저 멀리 '이슬아'라는 글자가 보였어요.
'여기가 내 자리구나. 내 옆자리에는 누가 앉을까?'
슬아는 자리에 앉아 주변을 둘러보았어요.

수업 준비는 어떻게 하나요?

학교에 도착하면 책가방에서 교과서와 준비물을 꺼내요. 오늘 공부에 필요한 것은 서랍에 넣고, 나머지는 사물함에 넣어 두세요. 책가방은 입구가 벌어지지 않도록 지퍼를 반드시 닫아 책상 옆 고리에 걸어 두세요.

특별한 교실이 너무 많아요

"선생님! 그런데요, 교실에 오다가
신기한 교실을 봤어요!
병원 같은 곳도 있고, 컴퓨터가
엄청 많은 곳도 있었어요!"
슬아의 말에 선생님이 답했어요.
"거긴 보건실과 컴퓨터실이야."
"선생님, 교실을 찾아오는 게
꼭 미로 찾기 하는 것 같아요."

급식실 점심을 먹는 곳이에요.

어학실 영어 공부를 하는 곳이에요.

도서관 책을 보거나 빌리는 곳이에요.

모든 교실이 다 똑같이 생겼을까?

오다 봤는데 교실마다 달라. 같이 가 볼래?

체육관 실내에서 운동하는 곳이에요. 입학식과 졸업식 때 사용해요.

교무실 선생님이 모여서 회의를 하거나 학교 일을 하는 곳이에요.

시청각실 발표회나 공연을 하는 곳이에요.

과학실 과학 실험을 하는 곳이에요.

컴퓨터실 컴퓨터를 이용해 공부하는 곳이에요.

보건실 다치거나 아프면 가는 곳이에요.

학교에서는 무엇을 배울까요?

수업을 하기 전, 선생님이 책을 몇 권 나누어 주었어요.
"선생님! 책 제목이 《봄》이에요. 이상해요."
슬아의 말에 교실 안은 웃음꽃이 피었어요.
선생님이 빙긋 웃으며 말했어요.
"여러분, 《봄》은 우리가 봄을 함께 지내며
공부할 교과서랍니다."

국어, 국어 활동

한글을 모른다고 걱정하지 마세요. 차근차근 배우면 글을 읽을 수도 있고, 내 생각을 쓸 수도 있어요.

수학, 수학 익힘

수 세기부터 도형, 덧셈과 뺄셈, 시계 보는 법을 배워요.

통합교과

봄에는 학교와 봄, 여름에는 가족과 여름, 가을에는 이웃과 가을, 겨울에는 우리나라와 겨울을 주제로 공부해요.

안전한 생활

생활 속에서 지켜야 할 안전 수칙에 대해 공부해요.

학교에는 수업 시간만 있나요?

딩동댕.

갑자기 종소리가 울렸어요.

"어머나! 벌써 1교시가 끝났네요. 이제 쉬는 시간을 가집시다."

"선생님! 쉬는 시간도 있어요? 그럼 간식은 언제 먹어요?"

"슬아야, 학교에는 간식 시간이 없단다. 배고파도 조금만 참자!"

"네."

왜 간식 먹는 시간이 없어요?

쉬는 시간에 할 일

화장실에 다녀와요.

목이 마를 수 있으니 물을 마셔요.

다음 시간 교과서를 준비해요.

친구와 이야기하거나 휴식을 취해요.

두근두근 즐거운 수업 시간!

《봄》 수업 시간, 슬아는 친구들과
둘러앉아 '나의 꿈 말하기'를 했어요.
슬아가 용기 내어 말했어요.
"나의 꿈은 피겨 스케이팅 선수야!"
곁에서 지켜보던 선생님이 말했어요.
"이번에는 '꿈 게임'을 해 볼까요?"
선생님의 말에 슬아는 기분이 좋아졌어요.
슬아는 게임이라면 자신 있었거든요.
'수업 시간에 게임도 하다니!
학교는 재미있는 곳이네.'

수업 시간에 꼭 지켜야 하는 게 뭐예요?

수업 시간에는 돌아다니지 않고 의자에 바르게 앉아 있어요. 주변 친구와 이야기를 하거나 장난을 치지 않아요. 발표할 때는 또박또박 말하고, 다른 친구가 발표할 때는 귀 기울여 들어요.

선생님, 화장실이 급해요!

슬아가 다리를 배배 꼬며 선생님과 시계를 번갈아 쳐다보았어요.
'어쩌지? 이러다 바지에 오줌 쌀 것 같아.
선생님에게 말해야 하는데 창피해서 말 못하겠어.
쉬는 시간에 갔다 왔어야 했는데······.'
슬아는 더 이상 참기 힘들었어요.

양변기에서 볼일 보기

대변
볼일이 끝나면 휴지로 깨끗하게 닦아요.

여자 오줌을 눈 뒤 변기에 앉은 채 휴지로 살살 닦아요.

소변
남자 양변기에 오줌이 튀지 않도록 덮개를 올리고, 소변기는 가까이 다가서서 오줌을 눠요.

쪼그리고 앉는 변기 사용법

1
변기 머리 쪽을 향해 다리를 벌리고 서요.

2
바지와 팬티를 무릎 아래까지 내려요.

3
앉아서 볼일을 본 후, 휴지로 깨끗하게 닦아요.

4
앉은 자리에서 일어나 팬티와 바지를 올려요.

화장실에 가고 싶으면 어떻게 해요?

수업 시간에 화장실에 꼭 가고 싶다면 손을 들고 용기를 내서 말하는 게 좋아요. 화장실에 가는 건 창피한 일이 아니에요. 그렇지만 쉬는 시간에 가는 습관을 들이면 좋겠죠? 고무줄 바지를 입으면 화장실에서 옷을 벗고 입기가 편해요.

변기 물은 꼭 내려요.

아플 땐 어떻게 해야 하나요?

"콜록 콜록."

슬아는 어제 저녁부터 자꾸 기침을 했어요.

친구 지운이가 말했어요.

"슬아야, 괜찮아? 많이 아프면 보건실에 가자."

슬아는 지운이와 함께 보건실에 갔어요.

"보건 선생님, 어제 약을 먹었는데도
열이 나고 계속 기침을 해요."

보건실에는 언제 갈까요?

수업 시간이라도 손을 번쩍 들고 어디가 아픈지, 어떻게 아픈지, 언제부터 아팠는지 말해요. 교실에서 치료할 수 없을 때는 선생님의 허락을 받고 보건실에 가요. 보건 선생님께 아픈 곳을 얘기하고 다친 곳을 치료하거나 약을 먹고 쉬어요.

학교에서는 점심을 어떻게 먹어요?

점심시간, 슬아는 깨끗이 손을 씻고

친구들과 함께 줄을 맞춰 급식실로 갔어요.

조금 어수선한 급식실에서 슬아는 얼른 식단표를 찾아보았어요.

슬아의 관심은 급식 반찬이에요.

하지만 기대와 달리 슬아가 싫어하는 반찬이 있었어요.

'으악! 내가 싫어하는 시금치 무침이다. 어떡하지?'

같이 먹자!

나 깍두기 5개나 먹었다!

학교에서 휴대 전화는 어떻게 사용해요?

띠리링 띠리링.
수업 시간에 갑자기 슬아의 휴대 전화가 울렸어요.
"선생님! 전화가 왔어요. 어떡하죠?"
"슬아야, 학교에 오면 휴대 전화는 꺼 놓도록 하자!"
이날 담임 선생님은 학교에서 휴대 전화를
사용하는 방법을 설명해 주었어요.

엄마에게 전화하고 싶을 때는 어떻게 해요?

학교에 오면 휴대 전화의 전원을 끄고 가방에 넣어 둬요. 하지만 낯선 환경에 마음이 불안해서 엄마, 아빠에게 전화를 걸고 싶을 수 있어요. 이때 엄마, 아빠와 꼭 통화해야 한다면 선생님께 이유를 잘 이야기해요. 수업이 끝난 후에는 휴대 전화의 전원을 켜도 돼요.

그 외에 학교에서 더 지켜야 할 규칙이 있나요?

교실에서는 실내화를 신어요.

복도와 계단에서 뛰지 않고 걸어요.

책상에 낙서를 하지 않고 깨끗이 사용해요.

쓰레기는 분리해서 쓰레기통에 버려요.

시험은 어떻게 봐요?

"오늘은 여태까지 배운 도형을 이용해서
모둠 친구들과 함께 마을 만들기를 해 볼 거예요."
"이거 시험이에요?"
지운이가 선생님께 물어보았어요.
'시험'이라는 말에 슬아는 가슴이 쿵쾅쿵쾅 뛰었어요.
"도형으로 마을 만들기 수행 평가를 할 거예요.
친구들과 함께 멋진 마을을 만들어 봅시다."

마을 만들기

수행 평가의 종류에는 이런 것이 있어요!

민속놀이

친구들에게 책 읽어 주기

봄 표현하기

수학 지필 평가

수행 평가는 수업 시간에 배운 내용을 얼마나 잘 알고 있는지 확인하기 위한 시간이에요. 잘 못하고 틀릴까 봐 걱정하지 마세요. 모르는 건 선생님이나 친구에게 물어보고 배우면 돼요.

방학은 언제 해요?

슬아는 아직 학교에 대해 모르는 게 많았어요.
그래서 궁금한 점이 생길 때마다 담임 선생님에게 질문을 했어요.
수업을 마칠 때쯤, 슬아는 부모님이 여름에 캠핑을 가자고 했던 게
생각났어요. 그래서 얼른 선생님에게 물었어요.
"선생님! 학교도 방학이 있어요?"

방학은 얼마나 길어요?

여름 방학과 겨울 방학은 각각 약 한 달 정도예요. 초등학교는 1년에 190일 이상은 꼭 수업을 해야 해요. 그래서 학교마다 방학을 하는 시기가 다를 수 있어요. 하지만 방학 기간은 전국의 모든 초등학교가 비슷하답니다.

교실 청소는 어떻게 하나요?

수업이 모두 끝난 후 선생님이 말했어요.

"우리 모두 먼지 잡기 게임을 해 볼까요? 미니 빗자루와 쓰레받기를 들어 주세요. 모두 준비됐나요? 그럼 시~~~작!"

슬아와 친구들은 책상 아래 떨어진 먼지와 쓰레기를 쓸기 시작했어요.

"선생님! 먼지를 이만큼이나 잡았어요!"

"저도요!"

모두가 함께 청소하니 교실이 금방 깨끗해졌어요.

'앞으론 내 방처럼 더 깨끗하게 사용해야지!'

슬아는 청소를 마치고 다짐했지요.

줍거나 쓸어 낸 쓰레기는 반드시 분리해서 버려야 해요.

바닥을 청소할 때는 책상과 의자를 옮겨요.

안전하게 집으로 돌아가요

슬아는 친구들과 함께 선생님을 따라 교문 앞으로 왔어요.
엄마와 교문 앞에서 만나기로 약속했거든요.
오늘은 집에 가는 길에 오른쪽으로 걷기, 횡단보도 안전하게 건너기,
낯선 사람을 만났을 때 도움 청하기 등을 연습해야 해요.
내일부터는 슬아 혼자서 학교에 오고 가야 하거든요.

엄마를 만난 슬아는 씩씩하게 앞으로 걸어 나가며 말했어요.
"엄마, 이런 건 식은 죽 먹기예요. 이제 저도 1학년이라고요."

여기서 만나기로 했는데….

왼쪽, 오른쪽 잘 살피고 건너야지.

누…구?

낯선 사람이 다가와 이름이나 주소를 물어보면 아무 말도 하지 않고 빨리 자리를 피해요. 만약 억지로 데려가려고 하면 호루라기를 불거나 큰 소리로 주변 사람에게 도움을 요청해요.

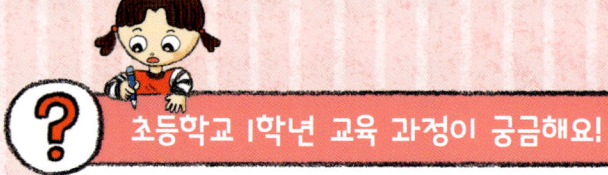

초등학교 1학년 교육 과정이 궁금해요!

Q) 입학식 준비는 어떻게 하나요?
A) 입학 전 학교 홈페이지에서 반 배정표와 입학식장을 확인하세요. 입학식 날에는 1년 동안 공부할 교실로 찾아갑니다. 학교에 따라 입학식장으로 곧장 갈 수도 있어요. 혹시 홈페이지에서 반 확인을 못했어도 걱정할 것 없어요. 입학식 날 학교 게시판에 반 배정표와 입학식장을 알리는 게시물을 붙여 놓거든요.

Q) 학부모 총회란 무엇인가요?
A) 부모님들이 모여 담임 선생님에게 학교 교육 과정에 대한 안내를 받는 시간입니다. 보통 3월에 해요. 학부모 총회에서 담임 선생님은 학급 운영 방침을 설명하고, 설명이 끝나면 질의 응답 시간을 거쳐 학급 운영을 도와줄 반 대표 학부모를 뽑습니다. 이날 뽑힌 반 대표 학부모는 그해 학부모회 구성원으로 활동합니다.

Q) 학부모회는 어떤 활동을 하나요?
A) 3월 학부모 총회에서 뽑힌 반 대표 학부모를 중심으로 구성된 모임이에요. 주로 학교 운영과 교육에 대한 의견 제시, 학교에서 진행하는 행사 참여 및 지원, 학부모 대상 교육, 지역사회와 함께하는 비영리 교육사업 진행 등의 활동을 합니다. 학부모회에는 대의원회, 학년·학급 학부모회, 기능별 학부모회(녹색 학부모회, 어머니 폴리스, 급식 모니터링 등)가 있습니다.

Q) 선생님과의 상담은 어떻게 하나요?
A) 초등학교에서는 학기마다 한 번(1년에 두 번) 상담 주간을 운영해요. 1학기 때는 3월 말에서 4월 초에, 2학기 때는 보통 10월에 진행합니다. 상담을 하면서 학부모와 담임 선생님 모두 아이를 더 잘 이해할 수 있는 기회를 갖는답니다.

Q) 상담 주간이 아니면 상담을 하지 못 하나요?
A) 상담 주간 외에도 학부모가 원하면 언제든지 상담이 가능합니다. 다만 급한 사안이 아니라면, 수업이 끝난 후에 담임 선생님에게 연락해서 상담 약속을 잡는 것이 좋습니다.

Q) 현장 체험학습이란 무엇인가요?
A) 보통 한 학기에 한 번 현장 체험학습을 떠납니다. 박물관, 생태 체험장, 숲 체험장 등 현장 체험학습 장소는 다양합니다. 알차게 현장 체험학습을 한 뒤 점심까지 먹고 돌아오는 일정이 일반적이에요. 이날 옷은 편하게 입는 것이 좋습니다.

Q) 학부모 공개 수업이란 무엇인가요?
A) 부모님을 교실에 초대해서 학생들이 공부하는 모습을 보여 드릴 수 있는 시간입니다. 상담 주간을 전후로 1년에 1~2회 정도 하고 있습니다. 공개 수업을 통해 부모님은 선생님의 지도 방법, 자녀의 수업 태도 등을 확인할 수 있어요. 친구와의 관계도 살필 수 있고요. 자녀들은 부모님에게 성장한 모습을 보여 드릴 수 있는 기회이기도 해요.

Q) 학예회 때 아이들은 무엇을 준비하나요?
A) 학예회는 학교에서 학예품을 진열하거나 예능 발표를 하는 행사입니다. 엄마, 아빠, 할머니, 할아버지 누구나 와서 즐길 수 있어요. 예능 발표 시간에는 학급별 혹은 학년별로 노래, 춤, 연극 등을 해요. 몇몇 초등학교에서는 한 해는 운동회, 한 해는 학예회 이렇게 번갈아 진행하기도 합니다.

학교생활이 궁금해요!

Q) 학교 소식은 어떻게 확인할 수 있나요?
A) 요즘에는 가정통신문, 문자, 학교 홈페이지, 스마트폰 앱 등 예전과 다르게 다양한 방법으로 학교 소식을 전합니다. 모든 가정통신문은 학교 홈페이지에 올려 두니, 혹시 잃어버렸다고 해도 걱정할 필요는 없습니다.

Q) '방과후교실'은 무엇인가요?
A) 방과후교실은 학교에서 정한 과목 외에 마술, 만들기, 악기 등 특별한 과목을 공부하는 시간이에요. 담임 선생님과의 교실 수업이 끝난 후 방과후교실 선생님과 함께 즐겁게 공부합니다. 학교마다 조금씩 다르지만 1학년은 보통 입학 전 예비 소집일에 미리 신청을 받습니다. 방과후교실 수업은 3월 둘째 주 이전에 시작합니다.

Q) '돌봄 교실'은 무엇인가요?
A) 돌봄 교실은 유치원 종일반과 비슷해요. 학교 수업을 마친 후 가족을 만날 때까지 학교 안에서 안전하고 유익한 시간을 보낼 수 있게 도와주는 제도입니다. 돌봄 교실에서는 돌봄 선생님이 숙제를 도와주기도 하고, 전문가 선생님이 특별한 프로그램을 마련해서 가르쳐 주기도 합니다.

Q) 요즘에도 받아쓰기를 하나요?
A) 교육청과 초등학교에서는 1학년 1학기에 받아쓰기 시험을 보지 않도록 권장하고 있습니다. 받아쓰기를 한글 익히기 학습 방법으로 활용하는 담임 선생님도 있지만 시험으로 보지는 않습니다.

Q) 다른 학교로 전학할 경우 절차가 어떻게 되나요?
A) 먼저 담임 선생님에게 연락합니다. 학년 말인 경우에는 교과서를 어느 학교에서 받아야 하는지도 물어보세요. 혹시 학교 도서관에서 빌린 책이 있다면 반납하고, 학교 물건을 가지고 있다면 행정실에 문의하세요. 전학할 초등학교에는 전입신고 접수증을 들고 찾아가면 됩니다.

Q) 학기 중에 가족 여행을 갈 수 있나요?
A) 가족 여행, 체험 활동, 친척 방문 등 학교 밖에서 이뤄지는 다양한 종류의 활동은 몇 가지 절차를 거치면 자유롭게 할 수 있어요. 보통 다음과 같은 절차가 필요합니다.

> 교외 체험학습 신청서 제출 → 학교장 승인 → 교외 체험학습 실시 → 교외 체험학습 보고서 제출

학교의 학칙에 따라 체험학습 인정일 이내에만 출석이 인정됩니다. 예를 들어, 학교가 체험학습 인정일을 1년에 20일로 정하고 있다면, 21일째 체험학습 날은 결석 처리가 됩니다.

Q) 아이가 아파서 학교에 못 가면 어떻게 하나요?
A) 아이가 많이 아프면 등교하지 않는 것이 좋습니다. 질병으로 인한 결석일 때는 결석 이후 5일 이내에 병명과 진료 기간이 명시된 의사의 진료확인서를 제출하면 됩니다. 독감, 수족구, 눈병 등의 법정 전염병에 걸리면 학교에 갈 수 없습니다. 완치되었다는 의사 소견서가 있어야만 학교에 갈 수 있어요. 전염병에 의한 결석은 출석으로 인정됩니다.

Q) 아이에게 특별한 질병이 있으면 어떻게 하나요?
A) 알레르기 등 질병으로 각별한 보호가 필요한 학생의 경우 자세한 증상 및 처치 방법을 적어 담임 선생님에게 보내 주세요. 약은 아이 스스로 먹어야 하고, 스스로 잘 챙기지 못하는 경우에는 담임 선생님에게 약 종류, 보관 방법, 투약 시간 등을 알려 주세요. 또한 학기 초 응급처치 후송 동의서와 건강조사서에 내용을 기록해서 보내 주는 것이 좋습니다.

Q) 학교장 재량 휴업일은 무엇인가요?
A) 초등학교에서는 1년에 최소한 190일 이상 수업을 해야 해요. 교장 선생님은 수업 일수를 고려해 재량껏 휴업을 할 수가 있어요. 즉 학교에 안 가도 되는 날을 교장 선생님이 정할 수 있다는 뜻이에요. 하지만 재량 휴업일이 많을수록 방학 일수가 줄어듭니다.

★ 현직 초등학교 선생님이 아이와 엄마를 위해 입학 전 어떤 마음으로 무엇을 준비해야 할지 Q&A 형식으로 정리했습니다.